박필순 한국전통자수

행복의 기원

Warm Wishes

Park Philsoon's Korean traditional embroidery

한참 분주하던 시간들이 지나고, 문득 어느 허물어진 담장 그늘 옹기종기 피어난 연보라빛 제비꽃에 저도 모르게 행복한 마음이 되어 먼 그리움에 젖습니다.

제가 어릴적만 해도 집집마다 마을 어머니들이 수놓은, 집안의 번영과 건강, 자녀를 향한 기도 같은 바람과 축복으로 꾸며진 자수품들이 많았습니다. 하지만 하루가 다르게 새로워지는 세월에 밀려, 자수로 표현되던 안방 문화와 어머니들의 기도는 미처 정리되지도 못한 채 빛바랜 유품으로 남고 맙니다.

이제는 모두가 달나라 여행을 꿈꾸는 지금에, 이런 이야기는 옛날 저 달의 계수나무를 옥도끼로 찍어내어 초가 삼간 짓고 양친 부모 모셔다 천년만년 살겠다는 노래처럼 우스꽝스러울지도 모릅니다. 그래도 우리 어머니들의 기도는 그때나 지금이나 별반 다르지 않습니다. 총명함과 성실한 학문으로 폭포를 거슬러오르는 힘을 기르고, 어질며 지혜롭게 항상 주위를 배려하는 겸손한 사람으로 자라기를 모든 어머니들은 기도합니다.

그런 기도가 이번에 새로 보여드리는 '서수도'에 특히 잘 드러납니다. 여기 빛나는 햇살 아래 구름과 바위, 풀과 나무 사이를 봉황과 기린, 용과 공작, 학과 사슴, 기러기와 거북이들이 각각 아홉 마리의 새끼들과 함께 평화롭게 어우러지는 모습입니다. 제게는 이 모습이 서로가 서로에 대한 축복과 기도처럼 보였습니다. 저도 이 평화롭고 아름다운 숲속 어딘가에 있을, 우리 시대의 아이들과 제 마음을 나누고 싶습니다.

꼬박 40여년의 자수 작업을 일단락하는 올해의 전시와 자수도록의 출간은 제게도 의미가 적지 않습니다. 크게는 일월오악도에서 서수도와 길상도, 작게는 관례와 혼례를 치를 때 필요한 사모관대와 활옷까지 다양한 작품을 한 곳에서 선보입니다. 모쪼록 제 부족한 솜씨를 너그럽게 살펴주셨으면 합니다.

2025년 정월 **박필순**

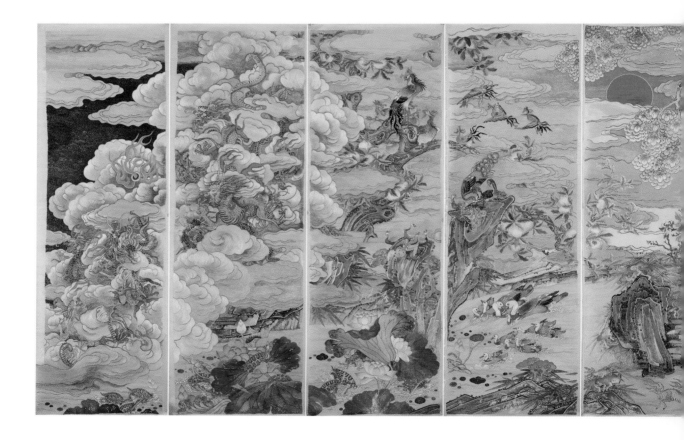

서수도(瑞獸圖)
Ten-panel folding screens of auspicious creatures
-
비단에 자수(Embroidery on silk)
347x184cm

박필순의 자수에 담긴 뜻을 찾아가는 이야기

최태만 / 국민대학교 교수·미술평론가

인 연

"백만 번 천을 뚫는 바늘, 강하고 아름답고 아픕니다."

2006년 4월 인사아트센터에서 열린 박필순 자수전을 찾은 김남조 시인은 방명록에 위와 같은 글을 남겼다. 이토록 정서적이면서도 정곡을 찌르는 짧은 글로 자수의 특징을 정리할 수 있었던 것은 김남조가 시인이자 여성으로서 박필순의 자수에 동화하였기 때문일 것이다. 자수의 '자(刺)'가 찌르다란 뜻을 지니고 있으니 바늘이 천을 통과할 때마다 들리는 통통 소리는 매번 자신의 피부를 꿰뚫려야 하는 천이 내지르는 비명이라고 해도 무방할 것이다. 백만 번씩이나 천을 찔러야 하는 자수가의 손가락과 어깨가 감당해야 할 고단한 노동은 강하지만 아름답고 아프다. 어디 바늘을 쥔 손가락뿐이겠는가. 가는 실로 면을 하나하나 채워나가는 과정은 인내와 정성이 없으면 견디기 힘든 시간이다. 바탕천 위에 아로새겨진 색채의 물결이 형상으로 살아나는 표면은 인고의 결과라고 해도 과언이 아닐 만큼 자수는 지극하고 집요한 노동이 만들어낸 결실이다. 그래서 자수는 '손끝으로 만드는 예술이 아니라 가슴으로 놓는 그림'이자 '정성의 미학'이라고 해도 과언은 아닐 것이다.[1] 박필순의 자수를 보노라면 솜씨 못지않은 한땀 한땀 수를 놓은 정성이 만들어낸 색채의 조화를 발견할 수 있다. 그것이 내가 이 글을 쓰게 된 이유이다.

현대미술 분야에서 활동하고 있는 내가 자수에 대해 글을 쓴 것에 대해 의아하게 생각하는 분이 많을 것이다. 솔직히 나는 자수에 대해 전혀 모른다. 내가 이 글을 쓴 바탕에는 박필순과 그의 부군인 이문열 작가와의 오랜 인연이 작용했기 때문이다. 그러나 아무리 인연이 있다고 해도 할 수 있는 일과 할 수 없는 일의 경계는 지켜야 한다. 그런데 불쑥 글을 쓰겠다고 무모한 결정을 한 것은 박필순의 자수를 보고 내가 받은 놀라움이 너무 컸기 때문이다. 한 마디로 그가 제작한 자수작품들이 나를 자극하고 부추기고 이끌었다. 나는 왜 이토록 그의 자수에 끌렸는지 궁금했기 때문에 그것을 글로 정리하고 싶었다. 나의 기억도 내가 자수에 끌리는 데 한몫했다.

---

1) 허만하, 「실의 미학」, 『이조의 자수』 수림원, 1974, 13쪽.

활옷 모란_Detail

내가 초등학교에 다닐 무렵, 아버지의 월급으로는 자식을 키우기 빠듯했던 어머니는 어느 날 부업으로 자수를 하기 시작했다. 나는 아직 병풍 한 폭 크기의 붉은색 공단 위에 선명한 청록색 색실로 이파리를 수놓고 흰색과 분홍색을 섞어 아름답고 탐스러운 모란을 수놓던 어머니의 구부정한 어깨와 콧잔등으로 흘러내리던 안경, 그리고 바늘이 속살을 파고들 때마다 팽팽한 긴장의 소리를 내지르던 천의 외침을 기억한다. 돌이켜 생각해 보니 이불과 베갯모, 밥상보에 이르기까지 자수는 우리 일상 속 깊숙이 들어와 있었다. 단지 잊고 있었을 따름이다. 마치 자개장이 어느 날 안방에서 자취를 감춘 것처럼 장수와 행복의 기원이란 의미를 지닌 수복(壽福)이란 글씨나 혼인과 같은 경사스러운 날의 기쁨을 표현한 '희(囍)' 자를 수놓은 이불, 보자기, 베갯모 등이 대량생산된 일상 생활용품으로 대체되면서 자수는 우리의 기억으로부터 지워졌을 따름이다.

1960~80년대 자수계는 자수를 현대미술의 한 영역으로 만들고자 대한민국미술전람회 공예부에 적극적으로 출품하는 경향과 당시 최고의 수출품으로 크게 성장한 자수 산업으로 나뉘어 졌다. 경제 성장이 진작되는 과정에서 자수가들은 외화벌이에 앞장선 산업 역군이자 수출을 견인하는 기술자로 평가받았으며 주요 수출 대상국은 일본이었다.[2] 어머니가 톡톡 하는 소리와 함께 한 땀 한 땀 수놓았던 그 자수가 어느 집 안방을 장식할 병풍이 되었을지 아니면 일본으로 수출되는 공예품이었는지 나는 모른다. 그러나 자수는 어머니처럼 손이 빠르고 어느 정도 솜씨 있는 여성들의 부업으로 인기를 누렸던 것은 분명했을 것이다.

1949년 경북 영덕에서 태어난 박필순은 "우리 고향에서는 자수를 놓는 전통이 강하기 때문에 어릴 적부터 집안 어른들께 배웠지만, 제대로 자수를 익힌 것은 1984년 동양자수학원을 경영하던 고행자 선생으로부터"라고 밝힌 바 있다.[3] 딸이 결혼할 때 수저 주머니나 혼례복, 화관 같은 것들을 장만해주고 싶은 소박한 욕심에서 고행자의 공방을 찾아간 그는 그 길로 자수에 입문했다. 어머니로부터 자수를 배운 고행자는 전통적인 소재와 기법을 활용하여 병풍, 족두리, 결혼함 등의 다양한 작품을 제작했을 뿐만 아니라 중요한 문화재 복원작업에도 참여함으로써 한국 전통 자수의 복원과 창작에 헌신한 명인으로 평가받고 있다. 말년에 박필순의 집에서 함께 생활하기도 했던 고행자는 타계하기 전에 자신이 가지고 있던 색실을 박필순에게 남길 정도로 두 사람의 관계는 각별했다.

박필순이 자수에 입문한 동기는 소박했을지 모르지만, 자수는 오랫동안 우리의 삶 속에 깊이 들어와 있었다. 해방 이후 자수가 교육제도 속에 포함된 것은 이화여대가 해방 직후인 1945년에 미술대학의 전신인 예림원에 자수과를 설치하면서부터였다. 이 자수과는 1981년 섬유예술과로 개편되었으나 많은 졸업생을 배출해 현대자수의 길을 열었다. 그 사이 허동화가 미술사학자 최순우, 민화연구가

2) 김수진, 「자수와 원화 자수의 기획과 원화의 역할」, 『한국 근현대자수, 태양을 잡으려는 새들』, 국립현대미술관, 2024, 412-413쪽.
3) 박해현 기자, "남편 책 표지로 쓰자는 걸 거절했죠", 『조선일보』, 2006년 4월 18일

조자용으로부터 조언을 받으며 1960년대부터 수집해온 전통 자수, 보자기 등을 토대로 1976년 한국자수박물관을 세웠고, 이 박물관 소장품으로 구성된 '한국의 자수' 전시가 1978년 국립중앙박물관에서, '한국의 옛 자수' 전시가 이듬해 일본에서 개최되었다.[4]

1984년 국가무형유산 자수장으로 인정받은 한상수는 1963년 자신의 이름을 내건 수공예학원을 설립하여 기능인 양성에 힘쓰는 한편, 석주선·허동화·조자용·최순우 등과 함께 조선시대 자수 유물을 수집하기 시작했고, 이를 바탕으로 도안과 기법 등을 체계적으로 연구해 『이조의 자수』, 『조선 왕조의 수, 흉배』, 『수불(繡佛): 불교수상과 도량장엄』을 발간했다.[5] 박필순의 스승인 고행자를 비롯하여 한상수 등은 한국 전통자수의 계승을 위해 노력한 분으로 기억할 수 있다.

1984년부터 수를 놓기 시작한 박필순의 작품은 어린아이가 한복을 입을 때 머리에 두르는 장식용 쓰개의 하나인 굴레, 첫돌을 맞이한 아기의 겉옷 위에 둘러 장식하는 돌띠, 돌옷과 함께 아기에게 신겼던 타래버선으로부터 시작하여 주머니, 노리개, 보자기, 꽃신, 골무와 바늘꽂이, 화관, 반짇고리, 보석함, 혼수함, 수저집 등의 일상용품과 활옷, 당의(唐衣), 신랑의 혼례복인 관복, 흉배 등의 복식, 그리고 병풍, 가리개, 족자그림 등의 감상용 자수에 이르기까지 다양하고 방대하다. 그가 수많은 시간과 공력을 바쳐 제작한 자수를 하나하나 들춰보는 호사를 누리는 것도 영광인데 그의 자수는 내가 모르는 것에 대한 호기심을 자극하기에 충분했다. 박필순의 자수는 내가 잊고 있었던 어머니에 대한 기억을 되살리도록 도왔다. 그런데 막상 시작하고 보니 역시 무모한 욕심이었음을 절실하게 깨달을 수밖에 없었다. 자수에 대해서는 백지와 다름없는 상태에서 공부하며 글의 구성을 고민하자니 시간은 야속하게 흘러가고 머리는 점점 더 하얗게 비워지는 기분이었다. 마침 덕수궁미술관에서 열린 '한국 근현대자수, 태양을 잡으려는 새들'은 의욕을 상실한 채 방황하던 나를 다시금 자수의 세계로 빨려들도록 만들었다. 박필순과 함께 이 전시를 보고 그로부터 자수에 대해 들으며 용기를 얻은 나는 다시 한번 정해진 시간에 원고를 마감할 수 있으리란 참으로 어처구니없는 환상에 사로잡혀 있었다. 그러나 그의 자수 한 점 한 점을 되짚어보며 그것에 담긴 의미부터 알아보자고 하니 거대한 절벽이 내 앞을 가로막는 느낌을 떨칠 수 없었다. 자수의 세계에 첫발을 딛는 학생의 신분으로서 자수의 기초부터 더듬어본 내가 자수에 대해 아는 체하는 것이 얼마나 큰 결례인지 나는 잘 알고 있다. 그래도 얕은 지식이나마 내가 공부한 것을 바탕으로 자수에 대해 정리한 후 박필순의 자수 작품이 지닌 의미와 특징을 밝히고자 하니 자수에 대한 일반적인 소개나 간략한 역사 부분은 건너뛰어도 무방할 것이다.

4) 박혜성, 「젠더 관점에서 20세기 한국자수 고찰」, 『미술사학연구』(제320호), 2023, 67쪽.

5) 박혜성, 「《한국 근현대 자수》를 기획하며, 낯선 역사를 다층적으로 드러내기」, 『한국 근현대자수, 태양을 잡으려는 새들』, 국립현대미술관, 2024, 25쪽.

골무장식
Embroidered thimbles
-
비단에 자수(Embroidery on silk)

자수에 대한 짧은 이야기

자수(刺繡)는 바늘과 실 또는 원사로 천이나 다른 재료에 무늬나 그림을 수놓는 전통적인 장식기법을 의미한다. 자수는 영어로 'embroidery'라 하는데 고대 프랑스어로 장식하다란 뜻을 지닌 'broder'에서 파생하였으며, '장식적 바느질'을 의미하는 'broderie'를 어원으로 한다. 그래서 자수는 주로 바늘로 직물을 꿰매거나 연결하는 '봉제(sewing)'나 바늘땀을 반복하여 장식적 효과까지 거두는 '바느질(stitching)'과는 달리 고도의 능숙한 기법으로 색실을 이용해 직물이나 가죽 위에 무늬나 글자, 형상을 표현하는 수공예를 가리킨다. 자수는 옷, 장식품, 액세서리 등에 사용되며, 실의 색상, 재질, 기법에 따라 다양한 표현이 가능하다. 세심한 기술과 많은 시간을 요구하는 자수는 수공예를 넘어 정교하고 아름다운 예술작품으로 탄생하기도 한다.

자수를 위해서는 기본적으로 바느질용 비늘보다 길이가 짧고 가늘며 바늘귀가 작고 둥근 바늘, 바늘꽂이와 바늘쌈지, 각양각색의 수실과 실패, 얼레, 골무, 자수의 밑그림인 수본(繡本), 비단 등의 천, 수실을 자를 때 사용하는 쪽가위, 반짇고리, 그리고 수틀이 필요하다. 색실의 종류로는 누에고치에서 뽑아낸 생사(生絲)를 익힌 풀실, 풀실을 굵기의 정도에 따라 꼬아 강도와 탄력을 높인 꼰실, 꼰실의 끝부분을 더욱 강하게 꼬아 고목이나 바위의 윤곽을 표현할 때 사용하는 깔깔실 등을 비롯하여 화려하고 고급인 금은실 등이 있다.

조선시대 공조 소속의 관아인 상의원(尙衣院)에는 왕실에서 필요한 각종 복식을 제작, 보급하기 위해 성장(筬匠), 능라장(綾羅匠), 방직장(紡織匠), 합사장(合絲匠), 연사장(練絲匠) 등 실을 정련하고 옷감을 짜는 수백 명의 공장(工匠)을 두었다.[6] 궁에는 바느질을 담당하는 침방(針房), 자수를 담당하는 수방(繡房)과 함께 실 꼬는 일을 하는 고얏방이 있었다.[7] 이처럼 실을 꼬는 것은 자수의 기본이었음을 알 수 있다.

수의 바탕이 되는 재질은 주로 섬유로 짠 직물이다. 그중에서도 누에고치에서 뽑은 실로 만든 견(絹)직물은 뛰어난 광택과 부드러운 질감이 우수하여 수의 무늬를 더욱 돋보이게 하므로 예로부터 고급 자수품에 사용되었다. 비단실이라 하더라도 누에고치를 삶지 않고 그대로 실을 뽑아낸 생사(生絲)와 누에고치를 뜨거운 물에 삶아 실 속의 천연 단백질 성분인 세리신(Sericin)을 제거하여 부드럽고 광택이 나는 숙사(熟絲)가 있다. 이 실은 질감, 광택과 윤기가 다르므로 어떤 실을 사용하느냐에 따라 결과도 달라진다.

견직물의 종류 중 자수의 바탕천으로 쓰인 것으로 비단에 화려한 무늬를 넣어 짠 금(錦), 정교하지 않은 무명견을 사용하여 투박하지만

6) 김소현, 「조선시대 상의원의 왕실복식 공급체계 연구」, 『복식』(제57권 제2호), 한국복식학회, 2007, 15쪽. <표 2> 상의원 내 수공업 유형별 장인의 수 참고.
7) 김용숙, 『조선조 궁중풍속 연구』, 일지사, 1987, 18쪽.

자연스러운 질감과 촉감을 가진 주(紬), 빗살무늬와 같은 조직으로 짠 능(綾), 표면이 매우 매끄럽고 윤기가 나는 단(緞), 가볍고 얇은 망사 같은 직물로 비치는 효과가 있는 사(紗), 사보다 더 정교하고 고급스러운 망사 직물인 나(羅) 등이 있다. 자수의 바탕직물로 널리 사용되는 공단(貢緞, satin)은 감이 두껍고 윤기가 도는 비단으로 무늬가 없는 까닭에 '민비단'이라고도 불렸으나 중국 청대의 직조공방이 생산하여 공물로 바쳤으므로 붙여진 이름이다.

자수의 순서는 다음과 같다. 먼저 자수의 용도에 따라 바탕천을 고른 다음 수놓을 문양과 밑그림을 선택한다. 수틀에 바탕천을 팽팽하게 고정한 후 천 위에 밑그림을 그린다. 밑그림에 맞춰 수를 놓는 방법도 여러 가지가 있다. 가장 기본적인 자수 방법은 평수(平繡)로서 천 위에 실을 평평하게 겹쳐서 수놓는 기법으로 수평, 수직 대각선으로 공간을 채울 수 있다. 넓은 면을 채우는 대표적인 기법을 자련수라 하는데 길고 짧은 땀을 번갈아 가며 수놓아 면을 채우는 방법이다. 실의 색상을 달리하면 농담과 명암의 표현이 가능하여 자수에 회화성을 부여하거나 꽃잎, 잎사귀, 나무줄기, 곤충의 몸체 등을 표현할 때 사용한다. 가름수는 나뭇잎을 표현할 때 사용하는 대표적인 기법으로 잎맥을 중심으로 좌우 사선 방향으로 수를 놓는 방법을 일컫는다. 이음수는 선을 표현하는 기본적인 기법으로 1㎝를 넘는 직선이나 곡선을 표현하기 위해 선수를 앞 땀과 겹치며 잇달아 수놓아 완성하는 기법이다. 이 기법은 꽃줄기, 도안의 윤곽선, 작은 잎 표현에 효과적이다. 이음수가 변형된 형태인 자릿수는 자수열이 맞물려 연결된 상태이므로 내구성이 뛰어나서 흉배에 자주 쓰인다. 그 밖에도 천 위에 매듭을 짓는 수법인 매듭수, 바늘에 실을 묶는 횟수에 따라 매듭의 크기가 결정되므로 꽃의 수술이나 씨앗 등을 표현할 때 주로 사용하여 씨앗수라고 부르는 방법이 있다. 금속성의 실을 천 위에 가느다란 견사로 고정하는 방법으로 수놓는 것을 징금수라고 한다.

한국의 자수는 특히 조선시대에 발달하여 한복, 이불, 베갯잇, 병풍, 노리개, 주머니, 수저집, 골무 등에 꽃, 나비, 새 등 자연적 요소를 담은 소재를 우아하면서 소박하고, 화려하면서 추상적인 요소들이 조화를 이루도록 섬세하면서 정교한 기법으로 수놓은 것이 특징이다. 오랜 기간에 걸쳐 기술을 전승한 우리나라 자수의 문양은 다양하지만 대체로 자연 대상에 길상(吉祥)의 염원을 담은 도형이나 형상으로 표현한 것이 많다. 그중에는 수복(壽福)이나 강녕(康寧)과 같은 문자가 있는가 하면 불로장생과 무병장수를 기원하며 이를 상징하는 열 개의 상징물인 십장생, 예컨대 해, 구름, 산, 물, 바위, 학, 사슴, 거북, 소나무, 불로초를 수놓은 것도 있다. 용이나 봉황과 같은 상상의 동물도 있고, 호랑이, 학, 원앙, 나비도 있다.

한국 자수의 주요 소재로 자연에서 영감을 받은 꽃, 새, 나비, 구름, 물결 등이 자주 등장하는데 이러한 자연의 요소들은 아름다움뿐만 아니라 장수, 가정의 화목, 풍요와 다산을 기원하는 상징적 의미도 담고 있다. 진흙 속에서 피어나는 연꽃은 순결함, 생명의 창조, 번영을 상징한다. 꽃 중에서 연꽃과 함께 중요한 소재인 모란은 크고 풍성한 꽃잎과 화려한 색상이 돋보이는 까닭에 부귀영화를 상징하며 혼례복, 수저집, 함 보자기와 같은 혼례용품에 꼭 들어가는 문양으로 사랑받았다. 사군자를 통해서도 볼 수 있듯이 이른 봄에 피는 매화는 맑은 향기와 우아한 자태가 돋보여 순결과 절개의 상징이었다. 자수에 자주 등장하는 나비는 부부의 화합을 상징한다.

자수에서 빼놓을 수 없는 것이 화려한 색상이다. 한국 전통 자수는 오방색(五方色)을 사용하여 색채의 조화를 중시했다. 오행사상을 상징하는 색이 오방색으로 동쪽은 푸른색, 남쪽은 붉은색, 서쪽은 흰색, 북쪽은 검은색으로 표현한다. 네 방위는 사계와도 연결된다. 고구려 강서대묘의 고분벽화는 이러한 철학과 관념을 좌청룡, 우백호, 남주작, 북현무라는 상서로운 동물의 형상으로 표현했다. 이 네 방위의 중심이자 하늘에 해방하는 곳은 노란색으로 표현했다. 오방색은 우주와 인간의 조화를 중시하므로 색상의 배치에서도 상극(相剋)을 피하고 상생(相生)에 맞도록 했다.

자수의 작은 역사

인간이 헝겊이나 가죽 등을 실로 연결하는 바느질과 함께 자수의 역사도 시작되었다고 할 수 있다. 그러나 자수는 바늘을 이용해 색실로 표면을 장식하는 그림을 일컬으므로 실용성과 함께 장식충동이 작용하면서 비로소 나타났다고 할 수 있다. 고대 이집트의 벽화나 파피루스 그림을 보면 파라오가 입었던 의복과 장식물에 자수를 사용했음을 알 수 있다. 비단을 발명한 중국은 기원전 3세기경 자수가 유행했는데 이러한 장식예술은 실크로드를 따라 서양에도 영향을 미쳤다.

중세 유럽에서는 종교적 의미를 담은 자수가 발전하여 성직자의 의복이나 제단보 등에 자수로 성경의 이야기나 성인의 모습을 표현했다. 특히 종교적 목적을 지닌 자수는 금실과 은실을 사용하여 매우 화려하게 장식한 것이 특징이다. 중세 후기부터 프랑스와 영국에서 태피스트리(tapestry) 형식의 자수가 유행했다. 일본도 기모노 등 전통의상에 정교한 기법과 독특한 색상으로 수를 놓았다.

그렇다면 우리나라의 자수는 언제부터 시작했을까. 앞에서 살펴본 것처럼 자수의 역사는 바늘의 출현과 더불어 비로소 시작하였다. 함경북도 웅기군 서포항의 신석기시대 주거지에서 출토된 짐승의 뼈로 만든 바늘(骨針)과 흙으로 만든 가락바퀴는 이 시기에 재봉과 방직이 이루어졌음을 밝히는 유물이다. 뼈바늘로 짐승의 가죽이나 옷감을 꿰매던 초기의 바느질은 철기문화의 시작과 함께 금속바늘이 출현하면서 새로운 전기를 맞이하였다. 뼈바늘에 비해 훨씬 정교한 바느질이 가능한 금속바늘의 보급과 더불어 방적술과 제직술의 발달은 고구려 고분벽화에서 볼 수 있듯이 장식이 풍부한 의상의 출현을 가져왔다. 예컨대 쌍영총 주실 동벽 인물행렬도, 무용총에 등장하는 인물들이 입고 있는 점무늬 옷, 무용총 주인과 손님의 의복에 나타나는 사릉문(四菱文) 등 여러 가지 무늬로 장식된 의상은 자수의 출현과도 깊은 연관이 있을 것이다.

모시풀에서 얻은 섬유인 모시나 삼에서 얻은 섬유인 삼베는 이미 신석기시대로부터 제조한 직물로서 우리나라와 중국의 문헌에는

신부 혼례복(연꽃) _ Detail

포(布)라고 불렸다. 신라 시대에는 특히 가는 올의 정교하고 세밀한 포가 대량 생산되어 경문왕 때는 수출품의 하나가 되기도 했다. 『고려사』에 따르면 원나라는 여러 차례에 걸쳐 고려에서 생산되는 무늬를 짜 넣은 문저포(紋紵布)를 구하였다고 한다. 그만큼 고려의 기술이 우수했음을 확인할 수 있다.

진(晉)나라의 진수(陳壽)가 편찬한 역사서에 의하면 부여 사람은 흰색을 숭상하여 흰 천으로 만든 긴소매 옷과 상의(袍), 바지(袴)를 입고 가죽신을 신었으나, 나라 밖으로 나갈 때 그림을 수놓은 비단옷과 모직 옷을 즐겨 입었다고 한다.[8] 이 기록을 통해 확인할 수 있는 것처럼 부여 사람은 평소에 흰옷을 입었으나 외국으로 나갈 때는 자신의 부와 지위를 과시하기 위해 화려한 비단옷을 입을 만큼 경제적, 문화적 수준이 높았음을 알 수 있다. 이 역사서는 고구려의 언어와 풍속은 부여와 비슷하지만, 사람의 성격과 의복은 다르다고 하면서도 음력 시월에 동맹(東盟)이란 이름의 하늘에 제사를 지낼 때 사람마다 금과 은으로 장식된 화려한 비단옷을 입는다고 기록했다.[9] 또한 결혼할 때 신랑은 돈과 비단을 준비하여 바친다고 한 것을 보면 고구려에서도 귀한 비단을 선호했음을 알 수 있다. 남북조 시대 송(宋)의 범엽(范曄)이 찬술한 『후한서』에서도 고구려 사람들은 공적인 모임에 금과 은으로 장식한 비단옷을 입었다고 한다.[10]

6세기 중반 신라의 진덕여왕은 삼국 사이의 대결 구도 속에서 당과의 동맹을 통해 신라의 발전을 도모하고 삼국 통일의 외교적 기반을 닦으려는 목적으로 오언시의 태평송(太平頌)을 지어, 비단에 짜서 당나라에 외교 선물로 보내었다고 한다.[11]

현존하는 유물 중에서 비교적 이른 시기에 제작한 자수의 사례는 7세기경에 제작된 일본 중궁사(中宮寺)가 소장하고 있는 <천수국만다라수장(天壽國曼茶羅繡帳)>에서 볼 수 있다.[12] 그물조직을 사용하여 실의 간격을 넓게 배치한 망사 직물인 소나(素羅)에 수놓은 이 유물은 삼국시대 자수의 구체적인 면모를 살필 수 있는 소중한 자료인데 자수에 새긴 명문을 보면 제작연대는 서기 622년으로 추정되며 그 내용은 다음과 같다.

"왕이 붕어한 다음 해 2월 22일 갑술날 밤에 태자가 붕어했다. (...) 왕(쇼토쿠 태자)이 이르기를 세상은 허망하고 오직 부처님만이 진리라며 (생전에) 그 가르침을 따르고자 했다. 대왕은 천수국에 태어나야 한다고 했는데, 그 나라의 형상을 눈으로는 볼 수 없다고 하였다. 이를 그림으로 나타내 대왕의 왕생하는 모습을 보고자 하였다. (스이코) 천황이 그 말을 듣고 슬퍼하며 말하기를 "나의 자식 중에 이 일에 성심을 다해 일러준 자가 있다"며 채색된 두 장의 자수를 만들도록 명했다. 그 그림을 그린 이는 동한 말기의 현자 고구려의 가서일과 또 한나라의 가기리이다. 이를 명령한 자는 무로베(椋部)의 진구마이다."[13]

---

8) "在國衣尚白, 白布大袂, 袍, 袴, 履革鞜. 出國則尚繒繡錦罽." (『三國志』, 魏書三十, 東夷傳, 夫餘條)

9) "東夷舊語以爲夫餘別種, 言語諸事, 多與夫餘同, 其性氣衣服有異. (...) 以十月祭天, 國中大會, 名曰東盟. 其公會, 衣服皆錦繡金銀以自飾." (『三國志』, 魏書三十, 東夷傳, 高句麗條)

10) 『後漢書』, 東夷列傳, 高句麗條.

11) 『삼국사기(三國史記)』권 제5, 신라본기 제5.

12) 이임순·김소희, 「천수국만다라수장 자수 연구-한국 고대 자수와의 연관성을 중심으로」, 『한국의류학회지』, 2023,

13) 王崩明年　二月廿二 日甲戌夜 半太子崩 于時多至 (...) 王所告世　間處假唯 佛是眞玩　味其法謂　我大王應 生於天壽 國之中而 彼國之形　眼所回看　悕 因圖像 欲觀大王　往生之狀.　天皇聞之　悽然告曰 有一我子 所啓誠以 爲然勅諸 采女等造 繡帷二張　畫者東漢 末賢高麗　加西溢又　漢奴加己 利 令者椋 部秦久麻.

이 글에 나오는 쇼토쿠(聖德) 태자는 일본 고대 아스카 시대에 불교의 발전과 중앙집권적 통치 체제 확립에 기여한 정치가이자 사상가이다. 요메이 천황의 아들이자 스이코(推古) 천황의 조카로 574년에 태어난 쇼토쿠는 593년 큰이모가 일본 최초의 여성 천황으로 즉위하자 섭정으로 임명돼 스이코를 보좌하는 동안 고대 일본에서 정치적으로 중요한 역할을 맡았다. 쇼토쿠가 죽은 622년은 스이코 30년이자 고구려는 영류왕 5년이었다. <천수국만다라수장>의 그림을 그린 가서일에 대한 추가 기록은 남아있지 않으나 쇼토쿠를 기리는 국가적인 사업을 위해 특별하게 초대받은 화가였음에 틀림없을 것이다. 또한 한노(漢奴) 가기리도 한나라 사람이라고 하기에는 시대 차가 너무 크므로 중국이나 한반도에서 일본으로 간 도래인일 확률이 높다. 어쨌든 쇼토쿠 태자가 불교에서 불멸의 생명과 영원한 행복이 약속된 이상적인 나라로 표현되는 천수국에 왕생하는 장면을 다양한 색실과 금실을 이용하여 정밀하고 섬세한 자수로 묘사한 <천수국만다라수장>은 당시 일본의 자수기술이 매우 발달하였음을 보여준다.

남북국시대 통일신라에서 지배층을 중심으로 화려한 의상이 유행하자 제42대 흥덕왕은 풍속이 경박해지고 백성들이 사치에 빠지는 것을 질타하며 신분과 지위에 따라 의복이 달라야 한다는 교서를 내리기도 했다. 이 교서에 따라 진골과 육두품 남녀의 의상에서 계수금라(罽繡錦羅), 야초라(野草羅) 등이 금지되었다.[14]

역대 왕조 중에서 특히 조선 왕실은 은(殷)·주(周) 대의 예와 악을 이은 공자의 유가철학을 이념으로 『경국대전』, 『국조오례의』 등을 통해 국가 의례의 체계를 구축했다. 이에 따라 왕실 의대(衣襨)인 적의, 보(補), 활옷 등의 수본을 도화원의 화공이 전담했다.[15]

고려시대 왕의 의복을 지어 바치던 장복서(掌服署)의 업무는 조선시대에 이르러 상의원이 맡았다. 이 관아에는 수장(繡匠)을 따로 두어 왕실에서 필요한 자수품을 전문적으로 제작, 공급했다. 자수는 화아장(花兒匠)이라는 수방 나인이 담당했고, 금박을 입히는 일은 부금장(付金匠)이 전담했다.

귀한 비단에 화려한 색실로 수를 놓는 자수는 비단 궁궐의 전유물은 아니었다. 성리학에 바탕을 둔 엄격한 신분제도에서 사회활동이 제한되었던 여성들은 주로 가사노동, 길쌈, 농사일 등에 집중되었다. 베짜기, 길쌈, 바느질, 빨래 등은 부엌에서 음식을 장만하는 일 못지않게 여성이 담당하는 가사노동이었다. 그러다 보니 양반 가문에서 자수로 이름을 남긴 여성도 나타났는데 대표적인 인물로 임벽당(林碧堂) 김씨를 들 수 있다. 김씨 부인은 1492년(성종 23) 부여 중정리에서 의성 김씨 김건익의 5대손이자 별좌(別座) 김수천(金壽千)의 딸로 태어났다. 어릴 때 증조부 김승로와 조부 김축에게서 글을 배운 김씨는 시(詩)·문(文)·서(書)는 물론 자수에도 남다른 재능을 지녔던 것으로 알려진다. 김씨는 1518년(중종 13) 조광조가 주도한 현량과(賢良科)에 선발되었으나, 이듬해 기묘사화로 고향인 충청도 비인(庇仁)으로 돌아와 임벽당을 짓고 은둔하던 유여주(柳汝舟, 1477-1545)와 결혼하였다. 김씨는 청렴한 선비의

---

14) 『삼국사기(三國史記)』권 제33, 잡지(雜志) 제2.
15) 명유석, 「자수부금(刺繡付金) 활옷의 의제와 복색 연구」, 『동양예술』(34), 한국동양예술학회, 2017, 164쪽.

아내로 바느질과 베를 짜는 틈틈이 시를 지었는데 1549년 세상을 떠났다. 그 후 유여주의 7대손 유세기(俞世基)가 1693년 김씨 부인의 시 7수를 모아 임벽당 유고인 『임벽당칠수고(林碧堂七首稿)』를 펴냈다. 7수 중에서 <가난한 여인의 노래(貧女吟)>, <고객사(賈客詞)>, <양류사(楊柳詞)>는 숙종 때 소론의 거두였던 남구만이 유세기의 부탁으로 쓴 발문에서 임벽당 김씨의 작품이 아니라고 고증되었으나 임벽당 김씨의 시 중에서 <제임벽당(題林碧堂)> 2수는 김씨가 베개에 직접 수를 놓은 것을 후손이 보관하여 세상에 알려졌고, 중국에서 간행된 시선집에도 없으므로 김씨의 작품임에 분명하다.[16]
임벽당 김씨의 시로 알려진 <가난한 여인의 노래>와 같은 내용의 시는 조선 중기의 허난설헌의 『난설헌집』에 수록된 시에서도 발견할 수 있다.

豈是乏容色	인물도 빠지지 않고
工鍼復工織	바느질 솜씨 길쌈 솜씨도 좋건만
少少長寒門	가난한 집에서 태어나 자란 까닭에
良媒不相識	좋은 중매자리 나서지 않네
不帶寒餓色	춥고 굶주려도 내색하지 않고
盡日當窓織	하루 종일 창가에서 베를 짠다네

이처럼 임벽당 김씨와 허난설헌의 시가 서로 섞여 있을 뿐만 아니라 중국의 시를 이들의 시로 오해한 것이란 학설도 만만치 않게 제기되고 있으나 임벽당 김씨의 자수 솜씨가 뛰어났음은 부정할 수 없을 것이다. 그 밖에도 민간에서 알려지지 않은 자수가가 얼마나 많았는지는 상상에 맡길 따름이다. 또한 자수가 꼭 여성의 일만은 아니었다. 『신동국여지승람』에 따르면 병자호란 이후 남성 중심의 평안도 안주수(安州繡)의 장인이 궁궐에 들어가 궁수(宮繡)를 맡았다는 기록이 나오는데 대한제국기 황실은 안주에서 제작된 자수 병풍을 구입하기도 했다.[17]

---

16) 손찬식, 「임벽당 김씨의 생애와 시문학 연구」, 『인문학연구』(117권), 충남대학교 인문학연구소, 2019, 257-261쪽.
17) 김수진, 「19~20세기 평안도 안주 자수의 성쇠와 그 의미」, 『대동문화연구』(제119집), 성균관대학교 동아시아학술원, 2022, 225쪽.

박필순의 자수 이야기

1984년부터 자수를 시작한 박필순은 1998년 '대한민국전승공예대전' 복식 부문에 <보석함>을 출품하여 입선했다. 전승공예대전은 전통공예의 전승과 발전을 위해 사단법인 전통공예기능보존협회(현재 국가무형유산기능협회)가 1977년부터 주최하고 문화재관리국(현재 국가유산청)과 재단법인 무형문화재보호협회(현재 국가유산진흥원)가 공동후원하여 매년 개최하는 공모전이므로 그의 입선은 전승 공예가로서 입문을 의미했다. 그 후 2003년 포스코의 전통자수 단체전에 참가하기도 했으나 외부 활동보다 자수에 전념했던 그는 2006년 인사아트센터에서 가진 개인전과 뒤이어 미국 UC 버클리(Berkeley) 동아시아 연구소에서의 개인전을 통해 22여 년간 작업했던 자수 작품을 종합하여 공개했다. 2007년의 미국 샌프란시스코 아시아미술관(Asian Art Museum) 개인전에 이어 2008년과 2009년에는 미국의 피바디 에섹스박물관(Peabody Essex Museum)에 작품을 장기 전시하기도 했다. 이 피바디 에섹스박물관은 유길준의 기증품을 중심으로 한국관을 운영하고 있다.

2015년에는 한국-헝가리 수교 25주년 기념으로 헝가리 남부의 작은 도시 키슈쿤헐러(Kiskunhalas)의 박물관에서 자수 개인전을 가지며 동유럽에서도 주목받았다. 같은 해 '실크로드 경주 2015' 개막과 함께 경주세계문화엑스포 문화센터 특별전시장에서 열린 '한국전통예술전'에 참가한 그는 자신의 작업에 대해 "옛 우리 어머니들이 즐겨 다루시던 소재인 한국 전통 생활 자수를 통해 하늘과 땅, 산, 강 그 속에 존재하는 모든 것들의 이야기들을 수놓아 꿈과 사랑을 심어주고 싶다"고 밝혔다. 그의 말은 어머니의 일생이 나중에 자녀의 생애로 연결된다는 자신의 신념을 압축하고 있다. 태어나서 성장하고 결혼과 출산을 거치는 과정에서 자연의 법칙을 거슬리지 않고 그것과 조화를 이룰 때 비로소 인격체로서 존엄을 지킬 수 있다는 생각은 자수에서도 고스란히 나타난다. 그에게 자수는 그냥 그림을 그리는 것이 아니라 귀하고 소중한 자식으로 향한 어머니의 염원, 기대, 희망을 담은 노동이며, 수를 놓는 행위는 자식을 위한 기도와 같은 것이다. 공예나 예술보다 자식을 사랑하는 마음이 훨씬 크기 때문에 그로서는 예술에 연연할 이유도 필요도 없다. 그는 어머니의 마음과 장인의 마음에는 차이가 있다고 단호하게 말한다. 자식을 사랑하는 마음 그 자체가 아름다운 것이므로 장인이나 공예가 또는 예술가가 되기보다 어머니의 정성으로 자수를 한다고 했다. 그래서 그의 자수는 아기의 출생을 축복하고 아기를 보호하며 귀하게 치장하는 타래버선에 꽃을 수놓고 굴레와 띠에도 무병과 행복을 기원하는 마음을 담아 꽃과 동물을 수놓았다.

박필순의 자수 중에서 딸의 결혼을 위해 준비했던 활옷은 그의 마음과 정성이 오롯이 깃든 것이므로 이 활옷으로부터 이야기를 시작해보자. 앞이 짧고 뒤가 길며 옆을 튼 활옷은 조선시대 왕실 여성의 예복 중 하나였다. 조선시대 여성의 예복으로는 왕비와 왕세자비가 입었던 대례복으로 꿩 무늬를 넣은 적의(翟衣), 왕실에서 소례복으로 입었던 당의(唐衣), 앞깃이 둥근 원삼(圓衫), 그리고 화의(華衣) 등을 들 수 있다. 중국의 옷을 의미하는 화의는 꽃문양이 많아 화의(花衣)로도 불렸으나 한글 발음으로 활옷으로 불린 것으로 보인다.[18]

---

18) 류희경, 「여인의 예장」, 『이조의 자수』, 30쪽.

활옷은 조선 전기에 홍장삼(紅長衫)으로 기록된 고유 복식의 전통을 이은 긴 겉옷으로 치마와 저고리 등 여러 받침옷 위에 착용하는 대표적인 조선 왕실의 여성 혼례복이었다. 사치스런 치장을 엄격하게 금지했던 조선시대에 유일하게 가장 진한 붉은 빛깔인 대홍(大紅)의 염색과 화려한 자수에 아름다운 금박 기법 등 기술적 숙련과 빼어난 솜씨, 엄청난 공력을 들여 제작했던 활옷은 왕실 여성의 대례복이었다.

궁중 혼례 관련 기록에는 활옷이란 복식 명칭이 나타나지 않으나 국문소설이나 신문 기사 등 한글로 출판된 근대 기록 중에서 이 용어를 찾을 수 있다. 따라서 활옷은 '큰 옷'이라는 의미의 순우리말 복식 명칭으로 추측하고 있다. 활옷이라는 복식 명칭이 사용되기 시작한 정확한 시기를 알 수는 없지만, 조선시대 왕실과 양반 가문에서는 홍장삼이라는 한자어 복식 명칭을 사용하였고, 민간에서는 '할옷' 혹은 활옷이라는 순우리말 복식 명칭을 사용하였던 것으로 추측한다. 즉 '큰 옷'을 의미하는 '할옷'이라는 순우리말 명칭이 이후에 '활옷'으로 변화된 것이다. 조선은 엄격한 신분사회였으나 혼례에는 예외적으로 평민도 이렇게 화려한 옷을 입을 수 있었다.

신부 혼례복(연꽃) _ Detail

활옷 이야기

활옷은 조선시대 복식 중 유일하게 의상 전체를 자수로 가득 채운 것으로, 한국 전통 복식 가운데 가장 아름답고 화려한 옷이다. 활옷은 왕가의 혼인 때 왕비와 시녀, 유모도 예복으로 착용했다. 신분사회의 엄격한 제약이 있었으나 혼례에서만은 일반 서민도 화려한 수를 놓은 활옷의 착용을 허용했다. 따라서 활옷도 궁중용과 민간용으로 나눠 고찰할 수 있다.

궁중 활옷 유물 중에서 제작 시기가 가장 이를 뿐만 아니라 누가 입었는지도 분명하게 밝혀진 것은 국립고궁박물관이 소장하고 있는 복온공주(福溫公主, 1818-1832)의 활옷이다. 조선 23대 임금 순조(1790-1834)의 둘째 딸이자 정조대왕의 손녀로 1818년(순조 18년)에 태어난 복온공주는 1830년(순조 30년) 10월 16일 안동김씨 문중의 공조참판 김연근(金淵根)의 외아들 병주(炳疇)와 혼인했다. 그래서 이 활옷은 1830년의 길례 때 착용한 것으로 알려졌다. 복온공주는 유년시절부터 총명하고 영특해 주위 사람들을 놀라게 하였으나 몸이 허약하여 혼인한 지 불과 이년만인 1832년 열 네 살의 어린 나이로 세상을 떠났다.

복온공주의 유품으로는 혼인할 때 입었던 대례복(大禮服)인 활옷에 치마, 앞치마, 수를 놓은 방석을 합쳐 네 점이 전해진다. 복온공주 활옷에는 부귀영화를 상징하는 모란꽃을 비롯하여 풍요와 다산을 기원하는 갖가지 꽃과 보배문이 화려하게 수놓아져 있다. 전면의 소매와 앞길 하단에 원앙문을 금박으로 장식한 이 활옷에는 도화서 화원들이 그린 도안에 솜씨 좋은 수방(繡房) 나인들이 한땀 한땀 수를 놓아 예술성과 상징성을 고양시킨 모란·연꽃·매화·국화·복숭아·석류·나비 등 10여 종의 화조문과 윤보문(輪寶紋) 등 15종의 보문으로 구성돼 기품이 넘치면서도 우아하고 화려한 특징을 지닌다. 금박을 이용해 표면에 문양을 입히는 부금 기법으로 장식한 진한 붉은 비단 위에 자수를 놓은 이 활옷은 왕실에서 착용한 혼례복이란 뜻에 따라 명칭을 활옷 대신에 홍장삼으로 정하였으며 허리띠인 대대(大帶)와 함께 국가 민속문화 유산으로 지정되었다.

궁중 활옷 중 창덕궁에 보관되던 활옷은 안감과 겉감 사이에 헌종 비 효정왕후의 50세 생일을 기념해 1880년(고종 17년)에 열린 과거시험의 답안지를 종이심으로 사용하였으므로 1880년 이후의 것으로 추정한다. 복숭아와 석류무늬가 새겨진 최고급 비단으로 제작한 이 활옷의 앞과 뒷면, 그리고 소매에는 금실과 비단 색실로 연꽃·모란·봉황무늬 등을 수놓았다. 앞길 하단에 봉황을 중심으로 추상적으로 단순하게 표현한 물결무늬를 수놓고 그 위로 괴석과 화문을, 어깨와 뒷길 상단에는 모란, 뒷길 하단에는 역시 물결무늬와 괴석, 연꽃을 배치하고 연꽃 좌우에 백로 한 쌍을 표현하였다. 앞쪽 좌우에 '산처럼 오래 살고'란 뜻의 수여산(壽如山)과 '바다만큼 재물이 쌓인다'는 뜻의 부여해(富如海)란 글자를 수놓은 것도 특징적이다.

활옷은 앞면보다는 뒷면에 더 많은 자수로 장식을 하는 것이 일반적이다. 한삼의 뒷길 쪽 하단에도 물결무늬와 봉황, 꽃 등을 배치하였다. 활옷 전체를 가득 채우는 무늬들은 남녀 사이 사랑과 인연의 소중함, 장수, 부귀강녕(富貴康寧), 자손중다(子孫衆多)와 출세에 이르는 오복의 의미를 담고 있다.

궁중 활옷은 왕실 여성의 대례복으로 지어진 것이므로 자수의 숙련도가 높고 예술성이 뛰어난 것은 분명하다. 그렇다고 민간에서 혼례복으로 사용되었던 활옷의 품질이 떨어지는 것은 결코 아니었음을 국립민속박물관 소장의 활옷을 통해 확인할 수 있다. 이 활옷은 소매 끝에 황·홍·남색의 색동을 달고 좌우 소매 끝 흰색 바탕에 봉황과 모란을 수놓은 한삼을 대었는데 문양의 윤곽이 선명하고 선적 특징이 두드러진다. 어깨와 뒷고대 부분에는 꽃과 나비, 길상문을 수놓고, 소매통과 앞길 아랫부분에는 봉황과 모란문을 수놓았다. 앞부분의 자수가 단순하고 추상적인 패턴으로 이루어진 반면 뒷부분에는 붉은색을 바탕으로 청·록·홍·백색의 색실로 수놓은 낙원의 모습이 펼쳐진다. 등의 자수는 세 부분으로 구성돼 있다. 가장 아랫부분을 보면 장수의 뜻을 담아 색동으로 수놓은 물결문양 위로 연꽃이 피어오르며 촘촘한 연 줄기 사이 좌우로 기러기가 서로 마주보고 있고 그 위로 희고 붉은 화려한 연꽃이 펼쳐진다. 연꽃 위로는 모란이 화려하게 꽃잎을 열고 있는 가운데 두 마리의 나비는 서로 마주 보며 사랑을 나누고 있다. 윗부분은 화분 속의 석류가 탐스럽게 열려있는데 좌우 가장자리에 부부의 금슬과 음양의 조화를 상징하는 원앙이 춤추는 이상적인 세계를 수놓았다.

박필순은 세 벌의 활옷에 수를 놓았다. 2006년 개인전에서 발표한 활옷은 붉은색 비단 바탕 앞면에 물결무늬 위로 괴석이 있고, 모란꽃 사이로 봉황이 서로 마주 보는 구도로 이루어져 있다. 동정 양옆으로는 다시 분홍색 모란이 화사하게 만개해 있다. 뒷면은 색동 소매 끝에 단순한 형태로 표현한 꽃을 나란히 수놓았다. 이성지합(二姓之合), 오복구전(五福具全)이란 글자를 수놓은 뒷면은 아래로부터 물결무늬, 괴석, 연꽃, 연꽃 사이 좌우에 새가 각각 두 마리씩 공간을 채우고 있다. 그 위로 모란이 활짝 만개하여 활옷의 화려함을 더하고 있다. 자수는 소매로도 이어져 좌우로 대칭을 이루며 물결, 연꽃과 연잎, 모란이 피어나고 있는데 꽃과 꽃 사이로 학이 날고 있다. 이 활옷의 자수는 분명한 좌우대칭을 이루고 있으나 꽃잎이나 새의 색깔을 달리하여 엄격한 규칙 속에 변화를 주고자 한 점을 발견할 수 있다. 전반적으로 대상의 입체감이나 세부묘사보다 형태의 윤곽이 두드러지고 동식물의 형상도 추상적으로 단순하게 표현하여 다소 도식적으로 보이기도 한다.

박필순이 수놓은 두 번째 활옷으로 붉은색 공단으로 지은 앞길과 푸른색 비단의 뒷길로 구성된 바탕 위에 물결무늬와 괴석, 봉황과 모란을 자수한 이 활옷은 미국 로스앤젤레스 카운티 미술관(LACMA)이 소장하고 있는 활옷을 떠올리게 만든다. 20세기 초에 제작된 것으로 알려진 이 활옷은 국립고궁박물관이 2023년 9월 15일부터 12월 13일까지 연 특별전 '활옷 만개(滿開)-조선 왕실 여성 혼례복'에서 공개되었다. 이 활옷은 미국의 미술품 수집가인 벨라 매버리(Bella Mabury)가 1939년에 기증한 것으로 알려지지만 어떤 경로로 미국으로 갔는지, 누가 입었던 옷인지는 밝혀진 바 없다. 국립고궁박물관의 복원을 거쳐 공개된 활옷을 보면 소매 가까운 좌우 어깨 아랫부분에 '부여하해(富如河海)', '수여하해(壽如河海)'란 문자를 새기고 동정 가까운 공간에는 각각 연꽃을 든 어린아이의 모습을 수놓았는데 이 부분을 제외하면 앞길의 자수가 박필순의 활옷과 거의 비슷함을 알 수 있다. 뒷부분의 자수 역시 민속박물관 소장 활옷의 도안과 거의 비슷한데 이런 점은 박필순의 활옷에서도 발견할 수 있다. 이처럼 자수의 문양이 크게 다르지 않은 것은 옷에 수놓은 자수의 상징성이 우리 민족의 염원을 반영한 것이란 점과 특수한 목적을 위해 입은 옷이란 기능성 때문일 것이다. 특히 복온공주의 동생인 덕온공주의 홍장삼을 위해 종이에 먹으로 그린 수본이 전해지고 있어서 봉황이나 파도, 괴석, 영지, 꽃 등의 도안이 민간을 위한 활옷에도 사용되었을 것으로 추정된다. 그래서 박필순의 활옷에 수놓은 동식물의 도안은 도화서 화원들의 그림을 바탕으로 다시 그려 만든 수본을 물려받은 결과로 볼 수 있다. 국립민속박물관 소장 활옷이나 로스앤젤레스 카운티 미술관 소장의 활옷 디자인이 서로 유사할 뿐만 아니라 박필순의 활옷에서도 비슷한 디자인이 나타나고 있다는 사실이 이를 방증한다. 그러나 밑그림이 비슷하다고 해서 예술성이 낮다고 할 수는 없다. 비록 도안은 같다고 하더라도 수를 놓는 사람의 성격이나 기술적 숙련성, 개성과 의지에 따라 결과는 충분히 다를 수 있기 때문이다.

박필순의 자수에 나타난 도상의 상징은 다음과 같다. 먼저 봉황은 행운과 권위를 나타낸다. 아울러 봉(鳳)은 수컷, 황(凰)은 암컷으로 좌우에 각각 봉황을 수놓은 것은 음양의 조화를 상징한다. 나비는 여름을 상징함과 동시에 남녀의 사랑과 화합은 물론 부부의 금슬을 상징한다. 원앙 또한 부부의 다정함을 나타낸다.

봄을 알리는 꽃인 매화는 절개뿐만 아니라 쾌락, 행복, 장수, 순리의 다섯 가지 덕을 상징한다. 활옷의 윗부분에 수놓은 화분 위의 복숭아 역시 행복을 상징한다. 활옷을 화려하게 수놓는 대표적인 문양인 모란은 암술과 수술의 구분이 분명하고 진홍색과 새하얀 색의 꽃의 크기도 커서 자수는 물론 화조화, 민화 등에서 주요 소재로 등장한다. 당대에는 국색천향(國色天香)이라 하여 중국을 대표하는 꽃으로 자리잡기도 했던 모란은 이름이 마소를 치는 사람, 즉 수컷을 뜻하는 목(牧)과 붉은색을 뜻하는 단(丹)으로 이루어져 있으므로 음양의 조화와 꽃의 왕이란 의미에 걸맞게 부귀를 상징한다. 진흙 속에서 피어나는 연꽃은 혼례를 축하하고 자식의 번영을 기원하는 마음이 담긴 무늬이다. 오랜 세월 변치 않는 바위는 장수를 의미하며 활옷의 문양에 괴석으로 나타난다. 중국 송대의 시인이자 당송팔대가의 한 사람인 왕안석(王安石)은 만년에 정계를 떠나 난징의 한적한 곳에 은거하며 지은 즉흥시에서 '고운 노래는 비단 위에 꽃을 더한 듯하다(麗唱仍添錦上花)'라고 했는데 여기에서 금상첨화(錦上添花)란 말이 나왔다. 이 말은 곧 좋은 일 위에 더 좋은 일이 겹친다는 의미로 발전했다. 진홍색 공단 위에 수많은 화려한 꽃으로 장식한 활옷이야말로 금상첨화의 대표적인 사례라 할 수 있으며, 신부의 인생에서 가장 아름답고 행복한 시간인 화양연화(花樣年華)를 시각적으로 표현한 것임에 분명할 것이다.

여기에 덧붙여 만물의 근원인 물은 생명의 상징으로 단순하고 추상적인 물결무늬로 표현된다. 이처럼 각 대상이 지닌 상징적 의미는 같을 뿐만 아니라 같은 용도의 자수품이라 하더라도 가문마다 전승 과정에서 그 집안의 독특한 풍격을 담을 수 있고 자수가 마다 다른 결과를 만들어내는 것을 보면 밑그림이 자수의 예술성을 결정하는 유일한 근거는 아님을 알 수 있다.

박필순의 활옷 중 나머지 하나는 이러한 개성을 보여주는 것이라고 할 수 있다. 이 활옷은 많은 대상을 수놓아 공간이 복잡한 앞의 두 옷에 비해 모란을 강하게 부각한 점이 특징이다. 이 활옷의 소매 앞면에는 색동이 끝나는 지점에 아무것도 수놓지 않아 상대적으로 가운데의 모란이 두드러진다. 즉 앞길의 두 갈래에 각각 하나의 가지에 피어난 세 송이의 모란꽃을 배치하여 모두 여섯 송이의 만개한 모란꽃이 좌우대칭을 이루고 있다. 번잡한 대상을 생략하고 모란만 강조한 단순한 구성은 보는 사람의 시선이 모란으로 집중되도록

향갑(香匣)노리개 _ Detail

이끈다. 빨간 바탕 위에 좌우로 활짝 핀 여섯 봉우리의 모란꽃과 그 위의 옷깃이 끝나는 지점 좌우에도 봉황을 수놓아 화려하면서 우아한 기품을 느끼게 만든다. 봉황무늬에서 암수를 구별하기 위해 꼬리 깃털의 형태를 다르게 표현하였는데 이는 음양화합을 통한 자손번영을 상징한다. 입체감을 살린 모란꽃에 비해 봉황은 훨씬 단순하며 추상적인 형태로 이루어진 면을 색실로 채워 모란과 대조를 이루도록 했다. 모란의 사실적인 묘사에 비해 봉황은 추상적인 도식으로 표현하였으나 크기를 작게 하여 전체의 균형을 유지하도록 구성하였음을 알 수 있다.

붉은색 바탕의 띠에도 녹색의 잎사귀 위로 분홍색과 진홍색을 지닌 다섯 송이의 모란꽃을 수놓아 전체적으로 붉은색으로 이루어진 활옷의 통일감을 해치지 않도록 배려한 점이 특징이다. 가로로 긴 띠의 특성을 살려 청록색 잎사귀와 분홍색 모란꽃을 일렬로 배치하였으나 활옷의 전체 색상이나 구조와 조화를 이루도록 구성했음을 알 수 있다. 대신에 뒷부분은 봉황과 모란을 대칭구도로 배치하여 활옷의 화려함을 강화하고 있다. 뒷부분의 소매에는 색동과 연결된 한삼(汗衫)에 모란 꽃봉오리 위에 봉황이 살짝 올라타거나 내려앉은 형상을 섬세하게 표현하였는데 벼슬이나 몸통, 날개, 꼬리의 형태를 잘 포착해 상상의 동물인 봉황의 특징이 분명하게 드러나도록 한 점이 돋보인다. 한삼에 수놓은 이 좌우대칭의 봉황은 신부가 두 손을 가지런히 모을 경우 서로 만나도록 구성하였다.

혼례에서 활옷만 착용하는 것은 아니다. 활옷과 함께 그것에 맞는 띠를 갖추어야 한다. 활옷 속에는 속치마, 저고리와 치마를 갖추어야 하고 머리에는 화관을 쓰고 비녀를 꽂아야 한다. 긴 비녀의 양쪽에 드림댕기를 늘어뜨리고, 큰 머리 뒤로는 도투락댕기를 갖추고 꽃신을 신어야 혼례 차림이 완성된다. 박필순이 자수 중에는 검은 비단에 원앙, 기린, 거북이, 학, 구름, 연꽃 등의 문양과 자손(子孫)이란 글자를 수놓은 댕기도 있다. 이 고이댕기는 아마 딸의 결혼을 위해 준비한 혼수품, 예컨대 혼수함과 혼수함 장식대, 기러기 보자기, 단풍·봉황·오리·학·모란·홍매를 수놓은 여섯 개의 주머니, 신부가 시어머니 선물로 마련하는 귀주머니, 폐백 때 신부가 쓰는 화관 등과 함께 마련했을 것이다.

병풍 이야기

박필순이 딸의 결혼을 위해 마련한 활옷과 혼례용품 못지않게 정성을 들여 제작한 것으로 일월도, 수복병, 송학병, 길상도, 화조병 등의 병풍을 들 수 있다. 그중에서 1882년부터 19885년까지 조선 왕실에서 고문을 지냈던 묄렌도르프(Paul George von Mollendorff, 1848~1901)가 소장했다 지금은 독일 드레스덴 세계민속박물관이 소장하고 있는 <백수백복도 8폭 자수병풍>과 비교할 수 있는 10폭의 <수복병>은 수(壽) 자와 복(福) 자를 여러 형태로 도안화한 것이다. 세계민속박물관 소장 8폭 병풍에 수놓은 글자가 288자인데 <수복병>은 한 폭에 36자씩 모두 360자를 수놓았다는 차이는 있으나 글자의 형태는 비슷하다. 고종이 묄렌도르프게 선물한 <백수백복도>는 당대 최고의 자수가가 단단하고 꼼꼼한 궁수(宮繡)로 완성한 것이므로 이와 같은 자수 문자도를 위한 도안의 기준이 되었을 것이다. 그러나 아쉽게도 박필순의 <수복병>은 부부의 화합과 평화를 상징하는 꽃과 새를 수놓은 <화조병> 등과 함께 불의의 화재로 소실되었다.

박필순의 자수 병풍 중에서 회심의 역작을 꼽는다면 8폭의 <일월도>를 들 수 있다. 그 자신이 7년간 공을 들여 수를 놓았다고 하는 이 병풍은 작가의 공력과 정성이 만들어낸 결과임에 틀림없다. 한 공간에 해와 달을 동시에 그려 넣어 일월도라고 부르지만, 봉우리를 강조할 때는 '일월오봉도'라고 부르고 산을 강조할 때는 '일월오악도' 또는 '일월곤륜도'라고도 부른다. 또 해와 달이 소나무와 오동나무 사이로 떠오르는 형상을 표현한 경우 '일월부상도(日月扶桑圖)'라고 부른다.

일월도는 원래 조선시대 궁궐 정전의 임금이 앉는 용상의 뒤편을 장식하는 그림을 일컫는다. 그림의 구성은 다섯 개의 산봉우리, 해, 달, 소나무, 그리고 계곡에서 흘러내린 폭포와 화면 아래 물결치는 파도로 이루어진다. 붉은 태양과 흰 달은 왕과 왕비를 의미하며, 다섯 봉우리는 오행을 상징함과 아울러 중국의 전설에서 전하는 곤륜산, 즉 이 세상에서 가장 높고 성스러운 산을 나타낸다. 곤륜산 역시 왕의 권위를 상징한다. 해와 달은 천계를, 폭포와 물은 지계를, 소나무는 생명계를 암시한다.

박필순의 <일월도>는 현존하는 일월오봉병 중에서 창덕궁 인정전의 <일월오악도>를 밑그림으로 하여 제작한 자수 병풍으로 추정한다. 연구를 통해 1840년대 이전에 제작된 것으로 보고된 인정전 그림이 4폭 병풍이라면 이 자수 <일월도>는 8폭으로 이루어져 있으나 채색화와 자수라는 차이에도 불구하고 기본적인 구성과 표현 방법은 유사한 점이 많다. 왼쪽의 흰 달과 오른쪽의 붉은 해 가운데 세 봉우리 중 가운데 것이 가장 높고 크다는 점과 붉은색의 줄기와 가지를 지닌 소나무를 각각 두 그루씩 좌우 가장자리에 배치한 점, 주봉을 협시하는 두 봉우리로부터 흘러내린 폭포가 포말을 일으키며 파도와 만나고 있다는 점은 도상의 규칙을 따라야 하는 결과로 볼 수 있다. 박필순의 자수 일월도는 이러한 도상의 전통을 충실하게 따르고 있으나 자수의 특성을 살려 채색화의 청록산수와는 다르게 다섯 봉우리를 마치 금강석을 쌓아놓은 것처럼 표현한 것이 먼저 눈에 띈다. 그래서 그림보다 입체감이 훨씬 두드러지는데 상대적으로 파도의 표현은 획일적이어서 물의 부드러운 흐름이 바위처럼 굳어진 상태이다. 반복적인 패턴이나마 채색화의 파도가 비늘 모양을 지닌 반면 자수는 화면 아래에 깔린 바위 사이로 물거품이 일어나는 형국이다. 그러나 금강석을 쌓아놓은 듯한 다섯 봉우리와 소나무의 붉은 줄기와 산호처럼 구불구불한 가지는 대조는 이 자수를 더욱 생동감 넘치는 상상의 산수로 이끄는 요소이다. 줄기와 가지를 회화처럼 적갈색이 아니라 투명한 홍색 실로 표현한 것에 대해 그는 어느 날 경북으로 가는 길에 차창으로 바라본 금강송의 나무 줄기가 때마침 석양을 받아 붉게 빛나는 것을 보고 그것으로부터 영감을 받았기 때문이라고 밝혔다. 이런 점이 봉건시대의 전통 회화를 자수로 옮길 때 드는 의문, 즉 전승이냐 창작이냐 라는 근본적인 생각을 떨치게 만드는 근거일 것이다. 그림을 자수로 옮긴다고 할지라도 재료기법의 차이만큼이나 자수가의 생각에 따라 충분히 다른 결과가 나타날 수 있음을 이 자수 일월도를 통해 확인할 수 있다. 게다가 7년이란 시간을 바친 자수이기 때문에 그 정성이 놀랍지만 구도가 안정적이고 경물(景物)의 배치도 균형을 이루고 있으며,

색상의 안배 역시 조화로울 뿐만 아니라 수의 기법에서 개성을 느낄 수 있다는 점을 이 작품이 지닌 미덕으로 꼽고 싶다.

박필순의 병풍 중에서 대상을 섬세한 바느질로 표현한 것으로 십장생도의 소재인 소나무와 학을 표현한 <송학병(松鶴屛)>을 들고 싶다. 소나무 아래 아홉 마리 학이 우아한 자세를 취한 채 서로 대화를 나누거나 사색에 잠긴 모습을 포착한 듯한 이 병풍은 선비의 고고함을 주제로 한 것이다. 전서체로 수놓은 <송령학수(松齡鶴壽)>란 화제는 '소나무와 학처럼 고고하고 깨끗하게 장수한다'는 뜻을 담은 것으로 근대기 소정(小亭) 변관식(卞寬植, 1899~1976)이나 심전(心田) 안중식(安中植, 1861~1919)과 같은 서화가의 그림에서는 대체로 소나무와 한 쌍의 학을 그린 것이 일반적이다. 나무줄기와 가지의 고동색과 항상 청록색을 유지하는 솔잎을 간솔하면서 힘찬 바느질로 표현한 이 병풍에 등장하는 아홉 마리 학의 하얗게 빛나는 깃털을 입체적으로 표현하여 학의 고고함을 더욱 고양시키고 있다. 이 병풍에는 부군인 이문열이 짓고 한글 서예가 박한춘이 한글로 쓴 다음과 같은 글씨를 함께 수놓아 자수의 의미를 파악할 수 있도록 돕고 있다.

> "학을 귀하게 여기는 까닭은 그 목숨이 길어서가 아니라 기품이 그윽해서요 소나무를 높이 침은 오래 살기 때문이 아니라 그 기상이 씩씩해서 일지라. 사람도 또한 그와 같으니 비록 즈믄 해를 살았다한들 아무 이룬 바 없으면 부질없이 길기만 한 삶 자체로야 무슨 자랑이 되리오."
>
> 경오년 한여름 아내의 송학병(松鶴屛)에 부쳐 이문열 짓고 서오 쓰다.

소실된 <수복병>과 함께 박필순이 정성을 다해 수놓은 문자병풍은 8폭의 <길상도>이다. 이 병풍의 수본은 국립중앙박물관 소장의 <화초 길상문 병풍>으로 추정된다. 높이가 90㎝의 나지막한 것으로 잠자리에서 외풍을 막기 위해 머리맡에 펼쳐 사용한 이 병풍은 고종이 의료 선교사로 제중원 원장을 지낸 미국인 존 윌리엄 헤론(John William Heron, 1856~1890)에게 하사한 것으로 그의 자녀인 제시 엘리자베스 캐럴(Jessie Elisabeth Carroll, 1888~1978)에게 전해진 후 존 헤론의 손자가 할아버지의 유지를 받들어 국립중앙박물관에 기증한 것이다. 국립고궁박물관은 국립중앙박물관에 기증된 8폭 병풍과 내용과 형식이 거의 흡사한 병풍 밑그림(繡本) 네 폭을 소장하고 있으며, 형식으로 볼 때 이 자수본을 따라 수놓았으나 첫 번째, 두 번째, 일곱 번째, 여덟 번째 폭만 남아있는 영국 런던의 빅토리아와 알버트 박물관 소장의 네 폭 병풍도 수복병의 밑그림을 구성하는데 역할을 했을 것으로 추정된다.

고종이 하사한 병풍이므로 궁중 병풍의 기준이라 해도 무방할 국립중앙박물관 소장의 8폭 병풍의 각 폭에는 매화, 모란, 패랭이, 수선화, 금낭화, 연꽃 등 16개의 화초를 고대의 꽃병과 항아리에 번갈아 가며 수놓았는데 화병 사이에 16개의 한자를 함께 수놓은 것이 특징이다. 단순하면서도 우아하게 수놓은 화초와 화병, 문자들은 도화서의 직업 화가들과 조선 왕실 자수국의 자수 장인들의 긴밀한 협업의 결과라고 할 수 있다.

송학병(松鶴屛) 8폭_Detail

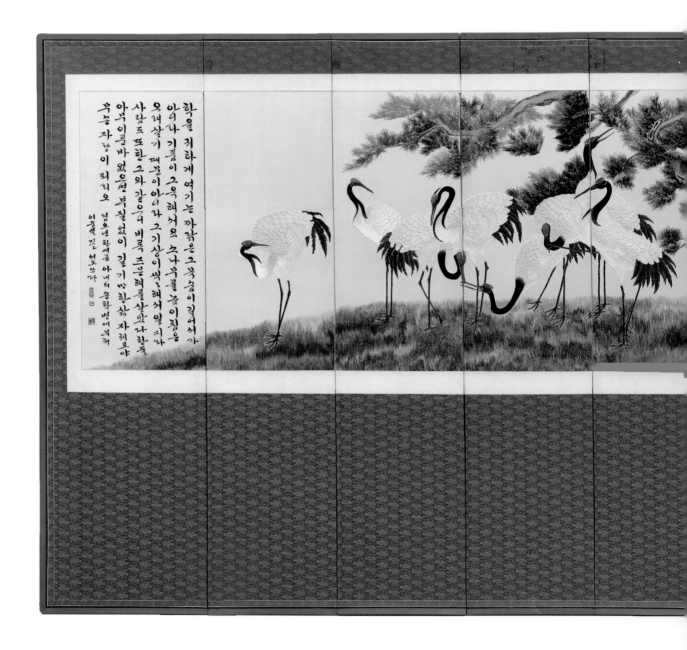

학을 치하게 여기는 까닭은 그 꿈음이 길어서가
아니라 기품이 그윽해서요 오나우를 늘이짐음
오래살기 때문이 아니라 그 기상이 색고해서 일지라
사람도 또한 그와 같으니 비록 스굼해 를 살았다 한들
아무 이룬 바 없으면 부질없이 길기만 삶 자혜로야
무슨 자랑이 되리오

경유년 한여름 아내의 중한 병에 눅혀
이봉옥 진 섯쓰다

松齡鶴壽

송학병(松鶴屏) 8폭
Eight-panel folding screens of pine tree and cranes
-
비단에 자수(Embroidery on silk)
300x164cm

여기에 수놓은 한자는 왕의 덕을 칭송하고 왕실이 융성하며 왕의 장수와 함께 치세 동안 태평성대를 누리도록 기원하는 시로 구성되어 있다. 네 줄의 네 글자로 된 이 시는 왕궁에서 축하 연회 중에 공연된 궁중 춤인 정재무(呈才舞)에서 창사(唱詞)나 낭송으로 사용되었을 가능성이 있다.

국립고궁박물관 소장의 수본인 <화초길상문자문> 병풍에 수놓은 한자와 그 의미는 다음과 같다. 한글은 국립고궁박물관의 번역을 발판으로 삼아 옮겨적었으나 현대적인 의미의 전달을 위해 내가 부분적으로 의역하였음을 밝혀둔다.[19)]

1폭

有隕自天　하늘로부터 내려오시어

無量福地　끝없는 복을 땅에 베푸시네.

殷祿百遒　성대한 복록이 모두 모이고

魯壽三朋　장수하며 함께 벗하리라.

2폭

星輝北拱　북두칠성은 빛나고 모든 별이 북쪽으로 드리우고

天耀南宿　하늘의 반짝임이 남녘까지 머무르네.

麟趾興仁　기린의 발자국처럼 높은 덕과 어지심이 한량없고

螽羽阜多　자손의 번성함을 축원하네.

3폭

天保九如　하늘은 아홉 가지 아름다운 복을 내리고

山崇三呼　백성들은 만세 부르며 산처럼 높이 받들리라.

和風甘雨　온화한 바람에 단비를 내리고

瑞日祥雲　상서로운 해와 길조의 구름이 떠오른다.

4폭

九重仙桃　궁궐이 불로장생의 복숭아처럼 영원히 번영하고

萬歲靈春　만세토록 젊음을 누리소서.

挹彼北斗　저 북두를 떠내어

酌獻南山　남산에 작헌례를 올리네.

5폭

聖子神孫　신성한 자손들이여

如岡如陵　강릉처럼 장수하소서.

華封三祝　화나라 봉인의 세 가지 축원과[20]

箕疇五服　기주의 오복도 누리소서.[21]

6폭

麟鳳呈瑞　기린과 봉황의 상서로운 기운 나타나니

龜鶴齊齡　거북이와 학이 장수하는 것처럼 강녕하소서.

九五乾德　하늘의 덕을 이어받아 번영하소서.[22]

萬八天皇　영원한 번영을 누리소서.

7폭

國安盤石　나라의 안정됨이 반석과 같고

道隆明珠　도리의 융성함이 명주와 같다네

化行六德　여섯 가지 덕이 행하여지고

歌騰四重　네 가지 중한 일 힘차게 구가하네.

8폭

吉祥如意　모든 것이 상서롭고 원하는 바와 같이 되고

福祿無疆　끝없는 복록을 받으리.

地出丹芝　땅은 상서로운 영지를 내고

天淸黃河　하늘은 황하를 푸르게 하도다.

---

19) 국립중앙박물관은 <자수 화초길상문 병풍>에서 축원문의 순서를 "하늘로부터 내려오시어(有隕自天)"로부터 시작한다고 기록하고 있으나 박필순은 고(故) 허동화 한국자수박물관장의 자문에 따라 "모든 것이 상서롭고…(吉祥如意)"를 첫 번째 폭으로 하고 '하늘로부터 내려오시어(有隕自天)'를 마지막 폭으로 하여 '장수하며 함께 벗하리라(魯壽三朋)' 뒤에 기묘년 늦가을(己卯 晩秋)이란 제작 시기와 낙관(隱亭)을 수놓았음을 밝혀둔다.

20) 화봉삼축(華封三祝):『장자』천지 편의 고사로서 요임금이 화(華) 지방을 순행할 때 그곳을 지키는 사람(封人)이 요임금의 덕을 찬양하며 장수·부귀·다남(多男)을 축복하였다고 함.

21) 기자(箕子)가 주청한 홍범구주(洪範九疇) 중에서 다섯 가지 덕은 장수(壽)·부귀(富)·안락(康寧)·덕을 좋아함(收好德)·늙어서 편히 죽는 것(考終命)을 일컫는다.

22) 구오는 구오지존(九五之尊)이란 말로부터 나온 것으로 황제를 상징하는 숫자이다.

길상도(吉祥圖) 8폭
Eight-panel folding screens of auspicious designs
-
비단에 자수(Embroidery on silk)
368x134cm

박필순의 자수에는 병풍뿐만 아니라 감상용의 벽걸이도 많은데 대체로 풍속화의 한 부분을 옮기거나 민화를 새롭게 해석한 것이다. 그중에서 <변어용천도>는 민화를 자수로 옮긴 것이다. 잉어가 공중으로 뛰어오르는 모습을 표현한 민화 <약리도(躍鯉圖)>는 등용문의 고사에서 유래한 것이다. 고사에 따르면 황하 상류의 협곡에 있는 용문이란 협곡은 물살이 폭포처럼 거센 까닭에 어느 물고기도 그것을 쉽게 오르지 못하는데 일단 성공한 잉어는 소미성룡(燒尾成龍)하는 반면 협곡을 통과하지 못한 잉어의 이마에는 점이 찍힌다(點額)고 한다. 비슷한 주제를 그린 일본의 <어리변성룡도(魚鯉變成龍圖)>는 물속으로 뛰어드는 물고기의 모습을 표현한 반면 한국의 민화는 물고기가 하늘을 향해 뛰어오르는 모습을 표현하여 극적인 생동감을 살리고 있다. 박필순의 자수도 붉은 태양을 바라보며 힘껏 치솟고 있는 잉어의 몸부림을 부각하여 이 작품의 제목인 <변어용천도(變魚龍天圖)>의 의미를 잘 드러나도록 했다. 그와 함께 『장자』 제1장 소요유(逍遙遊)에 나오는 구절인 "북녘 검푸른 바다에 물고기가 있으니 그 이름은 곤이라고 한다(北冥有魚其名爲鯤)"를 수놓아 입신양명의 의미뿐만 아니라 완전한 정신적 자유를 위해 솟구치는 의지를 표현하고자 했다.

조선 후기 민화에서 자주 등장하는 잉어도는 봉건시대 남성의 꿈인 입신양명을 위해 등용문을 통과한다는 의미를 지닌 것이란 점에서 과거제도가 사라진 현대사회에는 어울리지 않는 주제라 할 수 있다. 그러나 그는 전통사회에서 과거에 급제하여 출사하는 것처럼 현대사회에서도 꼭 고시와 같은 시험에 합격하여 출세하라는 의미가 아니라 성인으로 성장하여 자신의 전문적인 직업을 가지고 자기를 실현함은 물론 사회를 위해 헌신하는 것도 등용문을 통과하는 것과 같은 것이라고 한다. 그래서 이 잉어도를 수놓을 때 자식이 사회에 무사히 진출하기를 바라는 어머니의 마음을 담았다고 한다.

수를 놓는 뜻은

이처럼 박필순은 수를 놓는 것을 어머니의 마음이나 정성과 동일시했다. 그래서 자신의 자수가 예술로 평가되기보다 그것을 보는 사람들에게 어머니의 마음을 느끼게 만드는 것이 더 소중하다고 믿는다. 그의 겸양 뒤에는 자식을 위한 어머니의 고운 마음이 자리하고 있다. 아마 그것이 내가 이 글을 쓰도록 이끈 요인의 하나였을 것이다. 그의 자수를 보며 현대사회에 맞지 않는 전통적인 규범을 형상화한들 요즘 세대가 이해하거나 수긍할 수 있을까 하는 의문이 들었음을 부정할 수는 없다. 그런데 그는 이 자수를 통해 "꿈 많은 소녀들이 전시를 보고 우리 고유한 선과 색에 대한 이해와 애정을 키웠으면 좋겠다"고 이야기한다.[23] 자수가 꼭 여성의 전유물은 아닐 것이다.

---

23) "'23년의 전통자수 열정' 박필순씨 개인전", 『중앙일보』, 2006년 4월 19일.

소년이라 하더라도, 아니면 나이가 지긋한 남성이라 하더라도 취미를 위해, 심신의 안정을 위해, 수신(修身)을 위해 수를 놓을 수 있다. 전통을 복원하는 일은 소중하다. 우리가 자수장의 작품을 보며 존경의 마음을 갖는 이유도 놀라운 솜씨에 경탄했기 때문이기도 하지만 일생을 하나의 목적을 위해 헌신했기 때문이다. 박필순은 장인이거나 자수공예가로 평가받기를 갈망하며 수를 놓지는 않았지만 40여 년에 이르는 세월이 그를 자수가의 위치에 올려놓았다. 그래서 용기를 내 다시 전시를 준비하고 있을 것이다. 그러나 그의 자수를 보노라면 나는 한용운의 시가 떠오른다. 한용운은 '나의 마음이 아프고 쓰린 때에 주머니에 수를 놓으려면 나의 마음은 수놓는 금실을 따라서 바늘구멍으로 들어가고 주머니 속에서 맑은 노래가 나와서 나의 마음이 됩니다'고 했다. 자수를 하는 박필순의 마음도 한용운의 마음과 같았을 것이다. 수를 놓는 노동의 고통은 주머니 속의 맑은 노래뿐만 아니라 아름답고 우아한 색실로 수놓은 낙원의 이미지로 승화할 것이다.

낙원으로 향한 염원은 그가 오랫동안 정성을 들여 수를 놓았으나 미완성인 채 계속 남겨두었던 <서수도>에서 잘 나타난다. 이 병풍은 고행자 명인이 별세하기 전에 시작하여 그의 지도를 받으며 조금씩 제작하였으나 선생이 세상을 떠나면서 별다른 진척이 없는 상태로 남아있던 것을 이번에 전시를 앞두고 다시 수를 놓아 완성하였다. 용, 봉황, 기린, 사자 등의 상서로운 동물을 그린 서수도는 조선 민화에서 볼 수 있다. 그것을 그는 이상적인 낙원으로 다시 그리고 있다. 구름 사이로 용트림하는 용과 소나무 위에 앉아있는 봉황, 괴석 위의 공작, 영지(靈芝), 대나무, 복숭아, 화려하게 만개한 연꽃과 물 위를 유유하게 헤엄치는 거북이와 원앙 등으로 구성된 이 <서수도>는 화면의 상당 부분을 차지하고 있는 구름이 청룡, 황룡과 함께 꿈틀거리며 요동치고 있어서 그림에 에너지의 생동을 부여한다. 상상의 동물과 실재하는 동물이 평화롭게 공존하는 낙원은 아이들이 잘 자라서 지혜롭게 사는 세상으로 향한 염원을 담고 있다. 결국 그의 자수는 전통을 계승함과 동시에 출산과 성장, 결혼과 사회진출의 과정을 밟는 자식들로 향한 모성을 담아 제작한 것임을 알 수 있다.

신부 혼례복(모란) _ 전면
Wedding dress for bride with peony design
-
비단에 자수(Embroidery on silk)
230x130cm

신부 혼례복(모란) _ 후면
Wedding dress for bride with peony design

비단에 자수(Embroidery on silk)
230x130cm

화관 (花冠)
Traditional Korean bridal headdress
-
비단에 자수, 금(Embroidery on Silk, Gold decoration)
12x11x20cm

앞뒤댕기
Sash for the bride's head adornments
-
비단에 자수(Embroidery on silk)
67.2x152cm

나비문 좌경(座鏡)
Mirror stand with butterfly design
-
옻칠한 나무, 비단에 자수(Lacquered wood, embroidery on silk)
31.5x35.3x21cm

모란문 좌경(座鏡)
Mirror stand with peony design
‒
옻칠한 나무, 비단에 자수(Lacquered wood, embroidery on silk)
34x23x27cm

안보(雁褓)
Wrapping cloth for wedding ceremony
-
비단에 자수(Embroidery on silk)

사성보(四星褓) _ Detail

혼수함 장식대(婚需函 裝飾臺) _ 大·中·小
Decorative wrapping cloth for the box of marriage expenses
-
주칠한 나무, 비단에 자수(Red lacquered wood ,embroidery on silk)
61×40x44cm / 44x26x27cm / 33x20x24cm

혼수함 장식대(婚需函 裝飾臺) _ 中
Decorative wrapping cloth for the box of marriage expenses
_
주칠한 나무, 비단에 자수(Red lacquered wood ,embroidery on silk)
44x26x27cm

신부 혼례복(연꽃) _ 전면
Wedding dress for bride with lotus flower design
-
비단에 자수(Embroidery on silk)
230x130cm

신부 혼례복(연꽃) _ 후면
Wedding dress for bride with lotus flower design
–
비단에 자수(Embroidery on silk)
230x130cm

신부 꽃신
Ceremonial shoes with embroidered design
-
비단에 자수(Embroidery on silk)
25x8x7.5cm

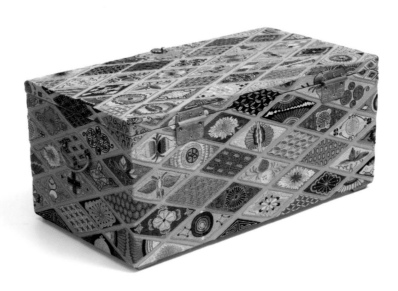

보석함
Jewelry box
–
비단에 자수(Embroidery on silk)
33×18×15cm

사성보(四星褓)
Wrapping cloth for wedding ceremony
-
비단에 자수(Embroidery on silk)
63x120cm

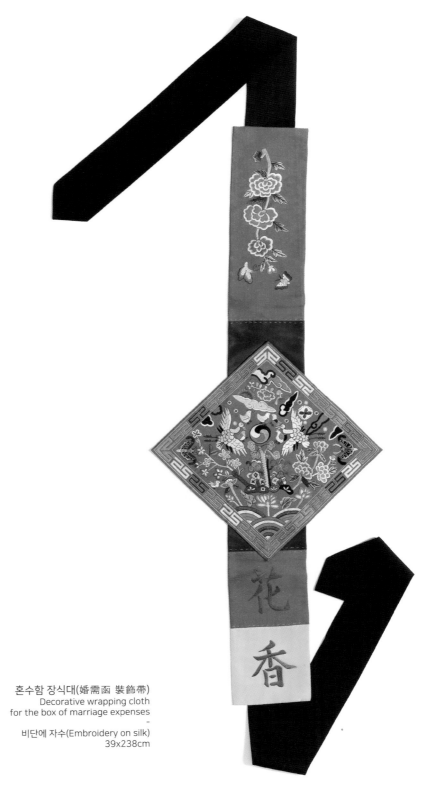

혼수함 장식대(婚需函 裝飾帶)
Decorative wrapping cloth
for the box of marriage expenses
-
비단에 자수(Embroidery on silk)
39x238cm

반짇고리함 _ 덩굴모란
Sewing box with peonies design
-
옻칠한 나무, 비단에 자수(Lacquered Wood, Embroidery on Silk)
34×34×12cm

반짇고리함 _ 십장생
Sewing box with ten longevity symbols design
–
옻칠한 나무, 비단에 자수(Lacquered Wood, Embroidery on Silk)
36,5×36,5X15,5cm

장생문 오방색(長生文 五方色) 주머니
Pouch with five cardinal colors
-
비단에 자수(Embroidery on silk)
15x13cm

금사진주낭(金絲珍珠囊)
Pouch with pearl and gold threads decorations
–
비단에 자수,진주(Embroidery on silk ,pearl)
15×13cm

안경집
Embroidered glasses case
-
비단에 자수(Embroidery on silk)
11x22cm

모란문 청홍 귀주머니와 띠
Eared pouch and band
-
비단에 자수(Embroidery on silk)
58.5x46.5cm

당의(唐衣)
Ceremonial jacket
-
비단에 자수, 금박(Embroidery on silk,gold leaf)
151x81cm

금사진주낭(金絲珍珠囊)
Pouch with pearl and gold thread embellishments
-
비단에 자수, 진주(Embroidery on silk, pearl)

모란문 주머니
Handbag with peony designs
–
비단에 자수(Embroidery on silk)
23x21cm

매미노리개
Norigae with cicada design
-
비단에 자수(Embroidery on silk)
11x36cm

나비노리개
Norigae with butterfly design
-
비단에 자수(Embroidery on silk)
10.5x31cm

대향낭(大香囊)
Fragrance pouch
-
비단에 자수(Embroidery on silk)

자수 이층장
Embroidery closet
-
주칠한 나무, 비단에 자수
(Red lacquered wood ,embroidery on silk)
79.5x45.5x122cm

매미노리개
Norigae with cicada design
-
비단에 자수(Embroidery on silk)
22x69cm

향갑(香匣)노리개
Norigae with fragrance pouch
-
비단에 자수, 호박(Embroidery on silk ,amber)
41x27cm

박쥐 3작 노리개
Norigae with 3 bat-shaped ornament
-
비단에 자수(Embroidery on silk)
18x25cm

바늘쌈 3작 노리개
Norigae with 3 needle case ornament
–
비단에 자수(Embroidery on silk)
13x23cm

큰 베갯모
Pillow-ends with embroidered design
-
비단에 자수(Embroidery on silk)
72x46cm

돌모자, 여아굴레와 돌띠, 여아타래버선, 여아 꽃신
Bonnet, waist band,socks and ceremonial shoes for girl's first birthday ceremony
-
비단에 자수(Embroidery on silk)

돌모자, 남아굴레와 돌띠, 남아타래버선
Bonnet, waist band and socks for boy's first birthday ceremony
-
비단에 자수(Embroidery on silk)

화문 조바위
Bonnet with flowers designs
-
비단에 자수, 산호, 옥(Embroidery on silk, coral, jade)
33x30cm

수복문 조바위
Bonnet with auspicious designs
-
비단에 자수, 산호,옥(Embroidery on silk, coral, jade)
29x23.5cm

호랑이 흉배(胸背)
Insignia with tiger design
-
비단에 자수(Embroidery on silk)
20.5x20.5cm

남자 관복
Wedding dress for groom
-
비단에 자수(Embroidery on silk)
160x140cm

학 흉배(胸背)
Insignia with crane design
-
비단에 자수(Embroidery on silk)
24x24cm

용 흉배(胸背)
Insignia with dragon design
-
비단에 자수(Embroidery on silk)
22x22cm

수저집 _ 모란문
Spoon pouch with peonies design
-
비단에 자수(Embroidery on silk)
12x32cm

수저집(女) _ 모란봉황
Spoon pouch with peonies and oriental phoenix design
_
비단에 자수(Embroidery on silk)
9x29cm

수저집(男) _ 십장생(十長生)
Spoon pouch with ten longevity symbols design
-
비단에 자수(Embroidery on silk)
9×22cm

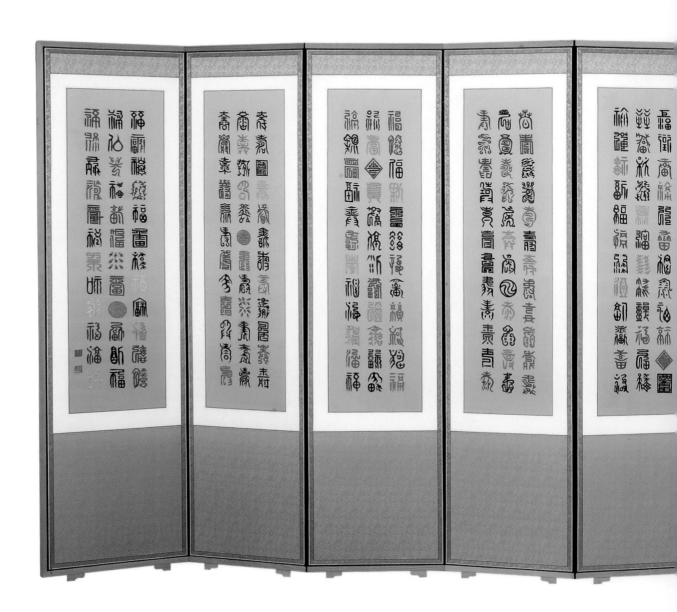

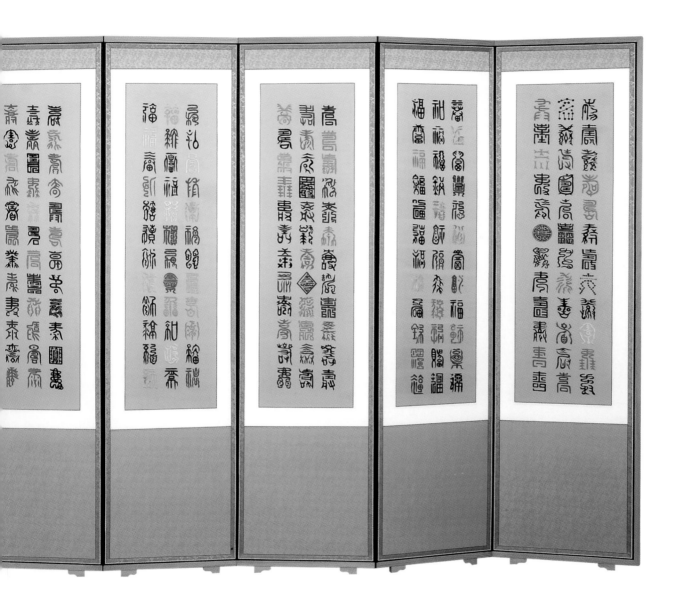

수복병(壽福屏)
Ten-panel folding screens of auspicious letter designs
-
비단에 자수(Embroidery on silk)
475x182cm

연 꽃
Lotus flower
-
비단에 자수(Embroidery on silk)
34x43cm

황촉규(黃蜀葵, 닥풀)
Sunset hibiscus
-
비단에 자수(Embroidery on silk)
34X43cm

Detail

모란가리개 2폭
Two-panel folding screens of peonies
-
비단에 자수(Embroidery on silk)
113x115cm

무동(舞童)
Dancing boy
-
비단에 자수(Embroidery on silk)
62×98cm

미인도(美人圖)
The Beauty
–
비단에 자수(Embroidery on silk)
47×118cm

국모란가리개 2폭
Two-panel folding screens of peonies
-
비단에 자수(Embroidery on silk)
158.5x180cm

호작도(虎鵲圖)
Tiger and magpie
-
비단에 자수(Embroidery on silk)
51.5×85cm

변어용천도(變魚龍天圖)
Transforming fish into dragon

비단에 자수(Embroidery on silk)
56.5×102.5cm

일월곤륜도(日月崑崙圖) 8폭
Eight-panel folding screens of
the sun,moon and kunlun mt.
-
비단에 자수(Embroidery on silk)
348x233cm

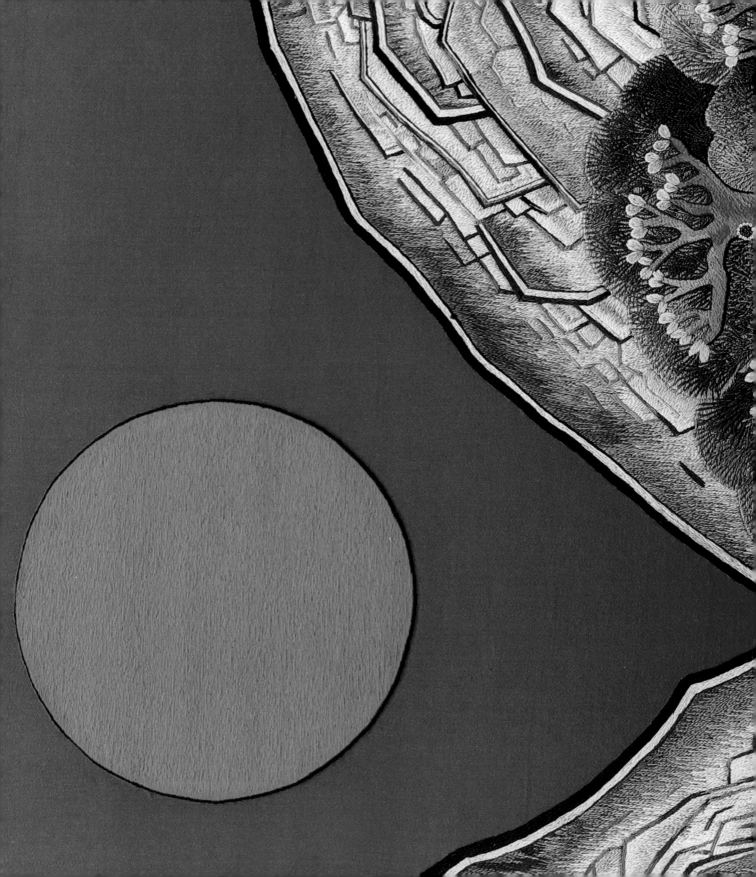

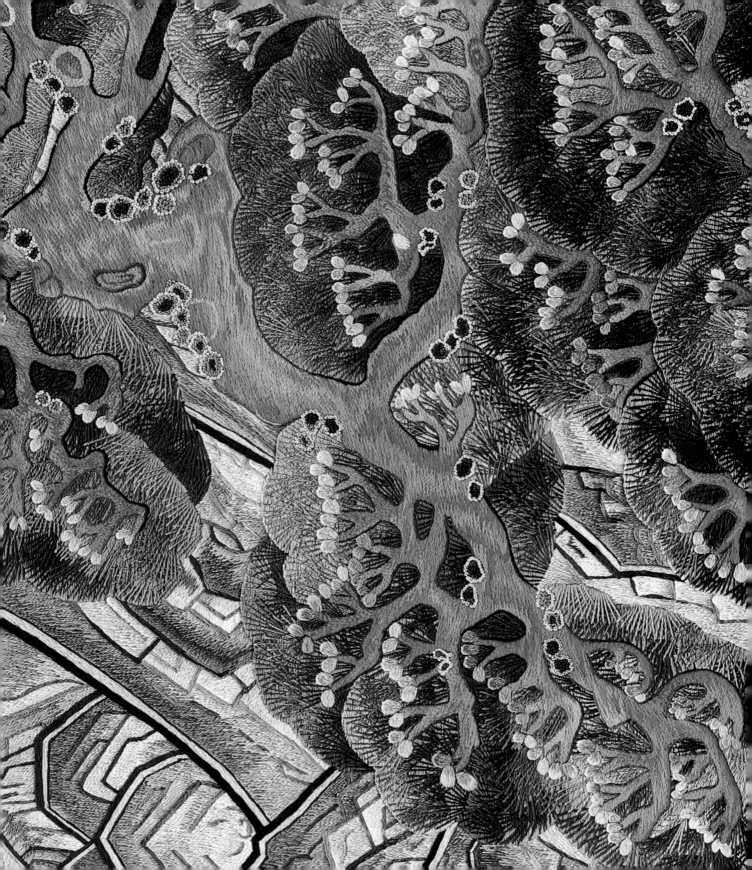

남수 연꽃
Lotus flower
-
비단에 자수(Embroidery on silk)
24x33cm

남수 봉황
Oriental phoenix
-
비단에 자수(Embroidery on silk)
24x33cm

화조도(花鳥圖)
Eight-panel folding screens of flowers and birds designs
-
비단에 자수(Embroidery on silk)
392x134.5cm

박필순(Park, Philsoon) 활동내역

2025년 한벽원 미술관 개인 자수전
2019년 5회 전통공예상품공모전 특선
2015년 한국–헝가리 수교 25주년 기념 Kiskunhalas 전시회
2008–09년 미국 Peabody Essex Museum 작품 장기 전시
2007년 미국 샌프란시스코 Asian Art Museum 작품 전시
2006년 인사아트센터 개인 자수전
　　　　미국 UC Berkeley 동아시아 연구소 개인 전
2003년 Posco 전통자수 단체전
1998년 23회 대한민국 전승공예대전 입상

박필순 한국전통자수
행복의 기원

@박필순, 2025

1판1쇄 인쇄 2025년 1월24일
1판1쇄 발행 2025년 2월3일

지은이: 박필순
펴낸이: 이재유
편집: 최태만
디자인: 김인호

펴낸곳: 무블출판사
출판등록: 제2020-000047호 (2020년 2월 20일)
주소: 서울시 마포구 신촌로 2길 19, 마포출판문화진흥센터 3층 P10호
전화: 02-514-0301
팩스: 02-6499-8301
이메일: 0301@hanmail.net
홈페이지: mobl.kr

ISBN 979-11-91433-71-5 (03630)